**AF175799**

Impressum
Verlag: BABADADA GmbH, Nedderfeld 112 , 22529 Hamburg
Geschäftsführer / Verlagsleitung: Harald Hof
Druck: Books on Demand GmbH, In de Tarpen 42, 22848 Norderstedt

Imprint
Publisher: BABADADA GmbH, Nedderfeld 112 , 22529 Hamburg, Germany
Managing Director / Publishing direction: Harald Hof
Print: Books on Demand GmbH, In de Tarpen 42, 22848 Norderstedt, Germany

# la escuela

## училище

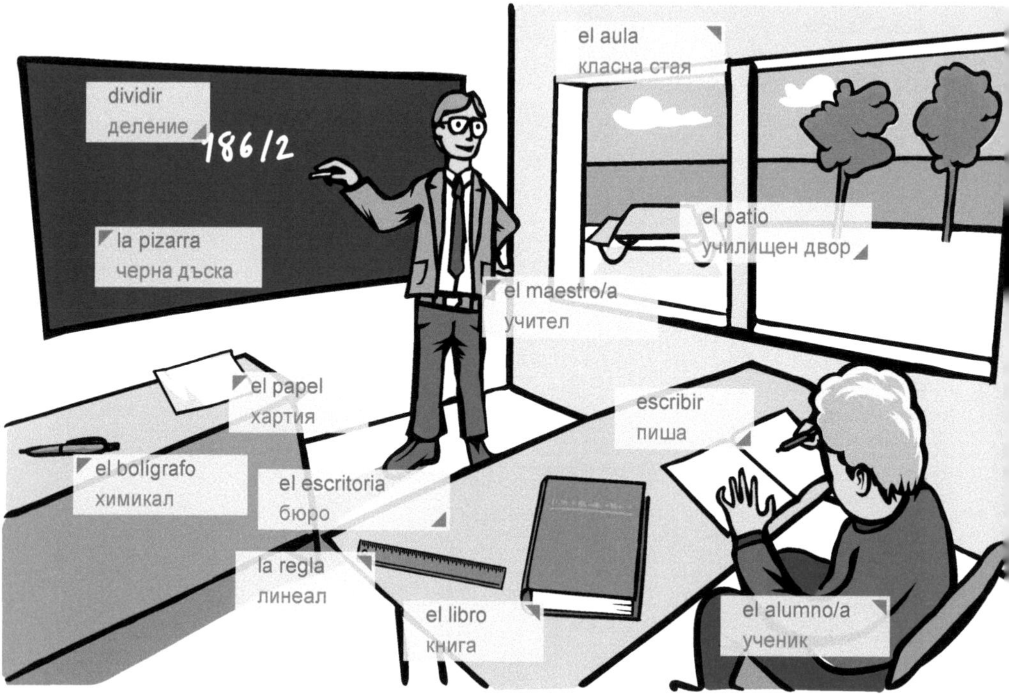
el aula
класна стая
dividir
деление
186/2
el patio
училищен двор
la pizarra
черна дъска
el maestro/a
учител
el papel
хартия
escribir
пиша
el bolígrafo
химикал
el escritoria
бюро
la regla
линеал
el libro
книга
el alumno/a
ученик

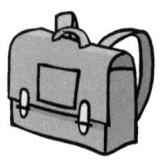

la cartera

ученическа раница

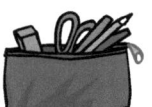

la caja de lápices

ученически несесер

el lápiz

молив

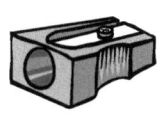

el sacapuntas

острилка за моливи

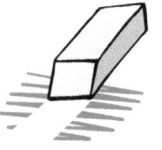

la goma de borrar

гума

el cuaderno de dibujo

блок за рисуване

el dibujo

рисунка

el pincel

четка

la caja de pinturas

акварелни бои

las tijeras

ножица

el pegamento

лепило

el cuaderno de ejercicios

тетрадка за упражнения

los deberes

домашна работа

el número

число

sumar

събиране

restar

изваждане

multiplicar

умножение

calcular

смятане

la letra

буква

el alfabeto

азбука

la palabra

дума

la escuela - училище                    3

el texto

текст

leer

чета

la tiza

тебешир

la lección

час

el cuaderno de notas

дневник на класа

el examen

изпит

el certificado

свидетелство

el uniforme

ученическа униформа

la educación

образование

la enciclopedia

справочник

la universidad

университет

el microscopio

микроскоп

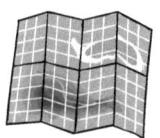

el mapa

карта

la papelera

кошче за хартиени
отпадъци

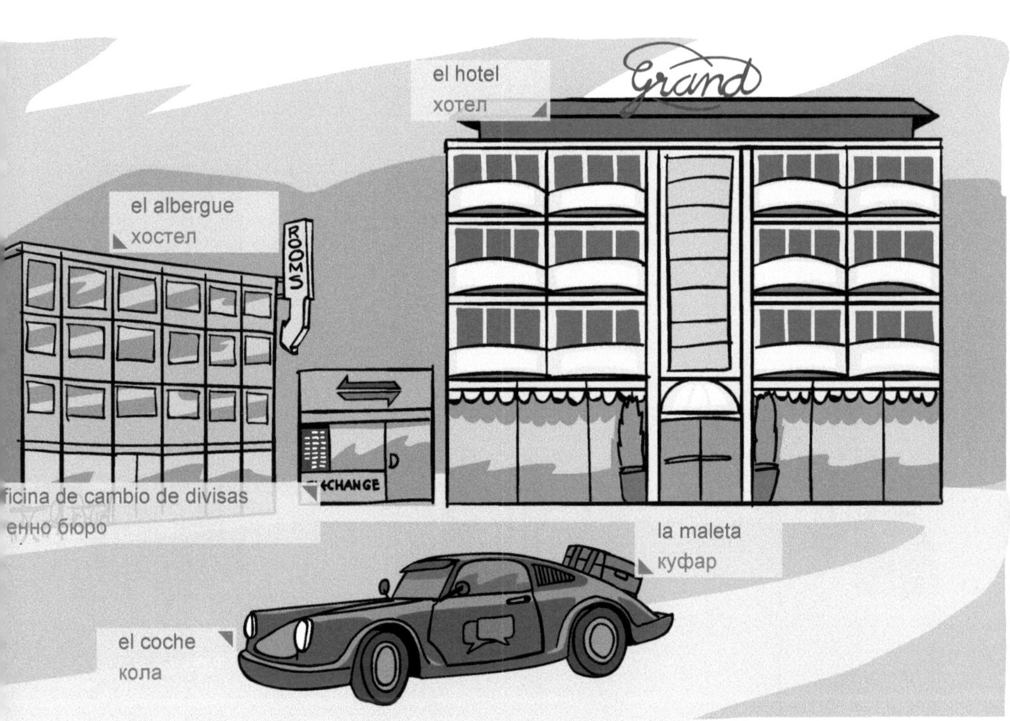

el hotel
хотел
Grand
el albergue
хостел
ROOMS
CHANGE
ficina de cambio de divisas
енно бюро
la maleta
куфар
el coche
кола

el idioma

език

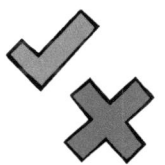

sí / no

да / не

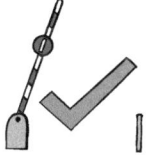

Vale

Окей

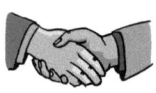

hola

здравей

el traductor

преводач

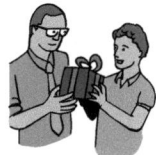

Gracias

Благодаря

¿cuánto es...?

Колко струва...?

No entiendo

Не разбирам

el problema

проблем

¡Buenas tardes!

Добър вечер!

¡Buenos días!

Добро утро!

¡Buenas noches!

Лека нощ!

adiós

довиждане

la dirección

посока

el equipaje

багаж

la bolsa

пътна чанта

la mochila

раница

el invitado

посетител

la habitación

стая

el saco de dormir

спален чувал

la tienda de campaña

палатка

la información turística

туристическа информация

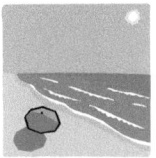

la playa

плаж

la tarjeta de crédito

кредитна карта

el desayuno

закуска

el almuerzo

обед

la cena

вечеря

el billete

билет

el ascensor

асансьор

el sello

пощенска марка

la frontera

граница

la aduana

митница

la embajada

посолство

la visa

виза

el pasaporte

паспорт

# el transporte
## транспорт

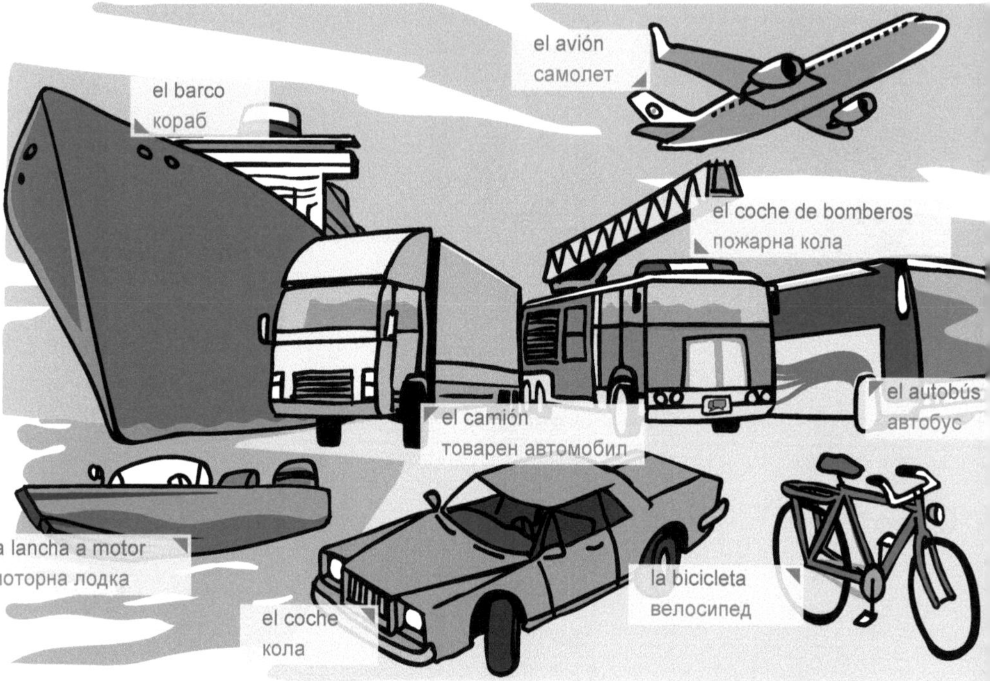

el avión
самолет

el barco
кораб

el coche de bomberos
пожарна кола

el camión
товарен автомобил

el autobús
автобус

la lancha a motor
моторна лодка

la bicicleta
велосипед

el coche
кола

el transbordador

ферибот

la barca

лодка

la moto

мотоциклет

el coche de policía

полицейска кола

el coche de carreras

състезателна кола

el coche de alquiler

кола под наем

préstamo de vehículos

каршеринг

la grúa

автомобил от "Пътна помощ"

el camión de la basura

сметовоз

el motor

двигател

la gasolina

бензин

la gasolinera

бензиностанция

la señal de tráfico

пътен знак

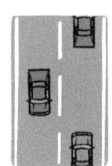

el tráfico

улично движение

el atasco

задръстване

el aparcamiento

паркинг

la estación de tren

гара

las vías

релси

el tren

влак

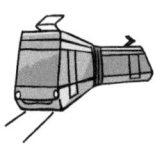

el tranvía

трамвай

el vagón

вагон

el helicóptero

хеликоптер

el aeropuerto

аерогара

la torre

кула

el pasajero

пасажер

el contenedor

контейнер

la caja de cartón

кашон

la carretilla

ръчна количка

la cesta

кошница

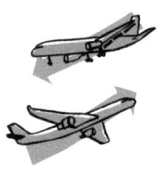

despegar / aterrizar

излитам / приземявам се

## la ciudad

## град

el pueblo

село

el centro de la ciudad

градски център

la casa

къща

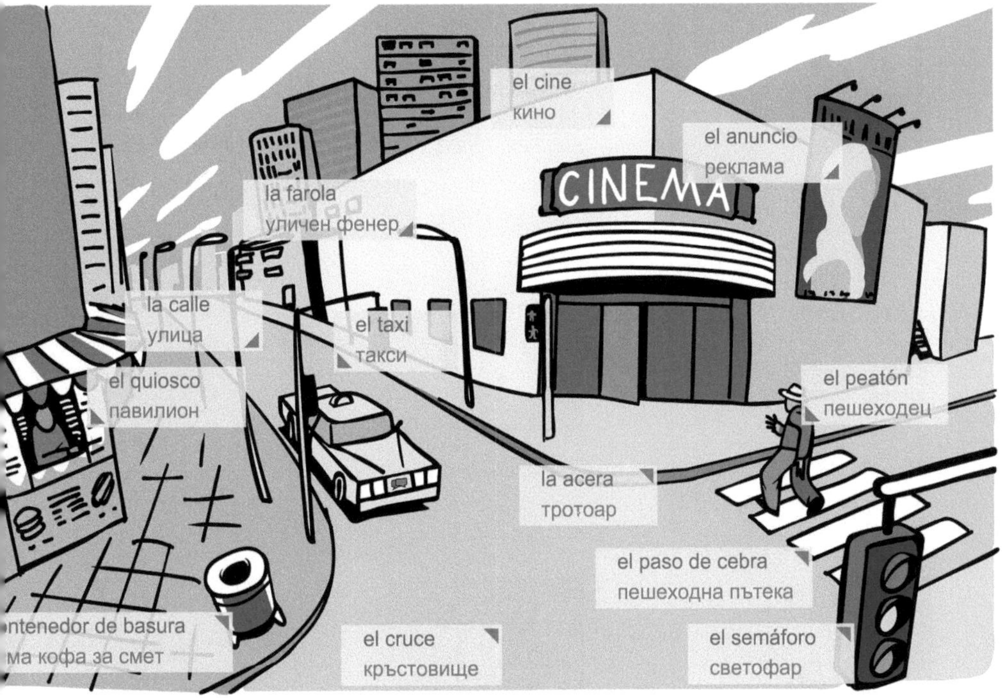

el cine
кино
el anuncio
реклама
CINEMA
la farola
уличен фенер
la calle
улица
el taxi
такси
el quiosco
павилион
el peatón
пешеходец
la acera
тротоар
el paso de cebra
пешеходна пътека
ntenedor de basura
ма кофа за смет
el cruce
кръстовище
el semáforo
светофар

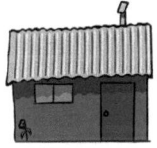

la cabaña

хижа

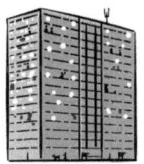

el apartamento

жилище

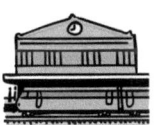

la estación de tren

гара

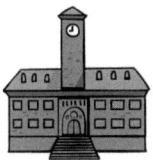

el ayuntamiento

кметство

MUSEUM

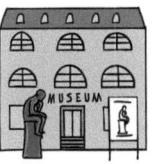

el museo

музей

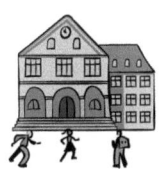

la escuela

училище

la universidad

университет

el banco

банка

el hospital

болница

el hotel

хотел

la farmacia

аптека

la oficina

офис

la librería

книжарница

la tienda de campaña

магазин за цветя

la floristería

магазин за цветя

el supermercado

супермаркет

el mercado

пазар

los grandes almacenes

универсален магазин

la pescadería

търговец на риба

el centro comercial

търговски център

el puerto

пристанище

el parque

парк

el banco

пейка

el puente

мост

las escaleras

стълба

el metro

метро

el túnel

тунел

la parada de autobús

автобусна спирка

el bar

бар

el restaurante

ресторант

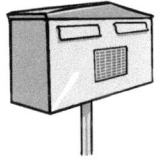

el buzón

пощенска кутия

el poste indicador

улична табелка

el parquímetro

часовник за паркинг
престой

el zoo

зоологическа градина

la piscina

плувен басейн

la mezquita

джамия

la granja

селски двор

la contaminación

замърсяване на околната среда

el cementerio

гробище

la iglesia

църква

el patio de juego

детска площадка

el templo

храм

## el paisaje
## пейзаж

la hoja
листо

la señal
пътепоказател

el camino
път

el prado
ливада

la piedra
камък

el excursionista
пътешественик

el árbol
дърво

el río
река

la hierba
трева

la flor
цвете

el valle

долина

la colina

планина

el lago

море

el bosque

гора

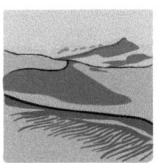

el desierto

пустиня

el volcán

вулкан

el castillo

замък

el arcoíris

дъга

el champiñón

гъба

la palmera

палма

el mosquito

комар

la mosca

муха

la hormiga

мравка

la abeja

пчела

la araña

паяк

el paisaje - пейзаж

el escarabajo

бръмбар

la rana

жаба

la ardilla

катеричка

el erizo

таралеж

la liebre

заек

la lechuza

кукумявка

el pájaro

птица

el cisne

лебед

el jabalí

диво прасе

el ciervo

елен

el alce

лос

la presa

бент

la turbina eólica

вятърна турбина

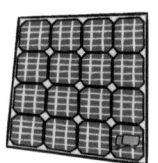

el panel solar

соларен модул

el clima

климат

# el restaurante
# ресторант

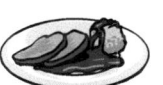

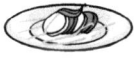

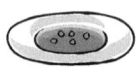

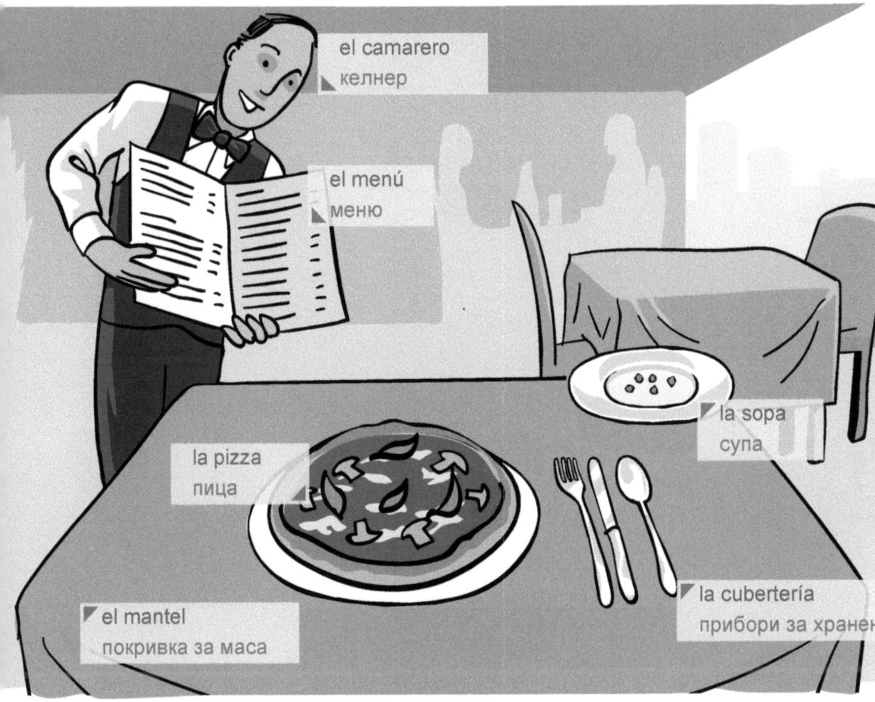
el camarero
келнер
el menú
меню
la silla
стол
la sopa
супа
la pizza
пица
la cubertería
прибори за хранене
el mantel
покривка за маса

el primer plato

предястие

el plato principal

основно ястие

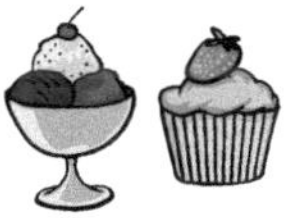

el postre

десерт

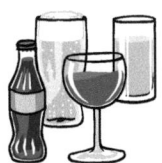

las bebidas

напитки

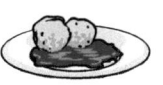

la comida

ядене

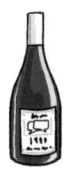

la botella

бутилка

la comida rápida

бързо хранене

la comida callejera

улична храна

la tetera

кана за чай

el azucarero

кутия за захар

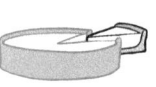

la porción

порция

la cafetera expreso

еспресо машина

la trona

висок детски стол

la cuenta

сметка

la bandeja

табла

el cuchillo

ножица за нокти

el tenedor

вилица

la cuchara

лъжица

la cucharilla

чаена лъжичка

la servilleta

салфетка

el vaso

стъклена чаша

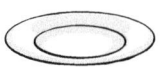

el plato

чиния

el plato hondo

чиния за супа

el platillo

чинийка

la salsa

сос

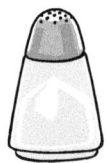

el salero

солница

el molinillo de pimienta

мелничка за черен пипер

el vinagre

оцет

el aceite

олио

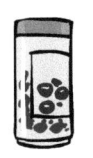

las especias

подправки

el ketchup

кетчуп

la mostaza

горчица

la mayonesa

майонеза

# el supermercado
# супермаркет

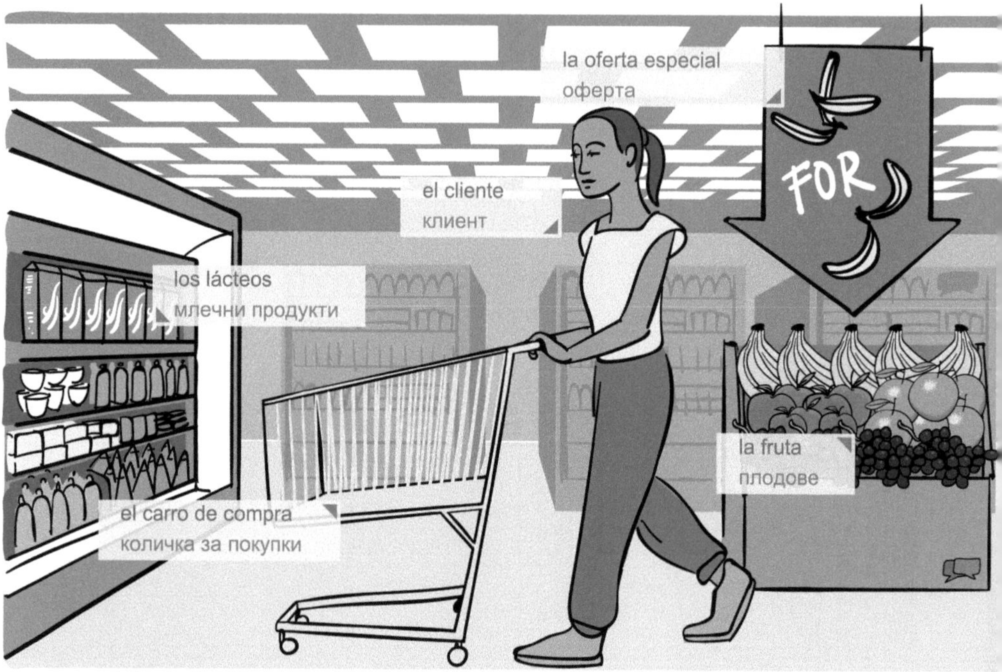

la oferta especial
оферта
FOR
el cliente
клиент
los lácteos
млечни продукти
la fruta
плодове
el carro de compra
количка за покупки

BUTCHERS

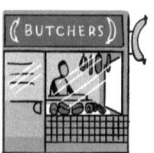

la carniceria

кланица

BAKERY

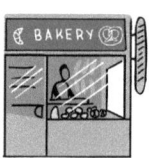

la panadería

хлебарница

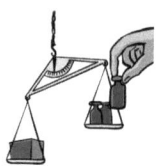

pesar

тегля

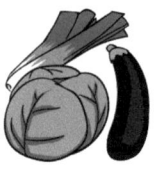

las verduras

зеленчуци

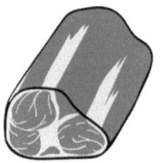

la carne

месо

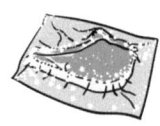

los alimentos congelados

дълбоко замразена храна

los fiambres

нарязан колбас или сирене

las conservas

консерви

el detergente en polvo

перилен препарат

los dulces

лакомства

productos de uso doméstico

домакински изделия

productos de limpieza

почистващи препарати

la vendedora

продавачка

la caja de cartón

каса

el cajero

касиер

la lista de la compra

списък на покупките

el horario de atención al público

работно време

la cartera

портфейл

la tarjeta de crédito

кредитна карта

la bolsa de plástico

чанта

la bolsa de plástico

пластмасова торба

el agua

вода

el zumo

сок

la leche

мляко

la cola

кола

el vino

вино

la cerveza

бира

el alcohol

алкохол

el cacao

какао

el té

чай

el café

кафе машина

el expreso

еспресо

el capuchino

капучино

el plátano

банан

la manzana

ябълка

la naranja

портокал

el melón

пъпеш

el limón

лимон

la zanahoria

морков

el ajo

чесън

el bambú

бамбук

la cebolla

лук

el champiñón

гъба

las avellanas

ядки

los fideos

макарони

las espagueti

спагети

el arroz

ориз

la ensalada

салата

las patatas fritas

пържени картофи

las patatas fritas

печени картофи

la pizza

пица

la hamburguesa

хамбургер

el sándwich

сандвич

el filete

шницел

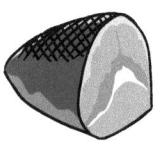

el jamón

шунка

le salami

траен колбас

la salchicha

салам

el pollo

пиле

el asado

печено

el pescado

риба

los copos de avena

овесени ядки

el muesli

мюсли

los copos de maíz

корнфлейкс

la harina

брашно

el cruasán

кроасан

el panecillo

хлебчета

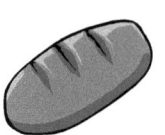

el pan

хляб

la tostada

препечена филийка

las galletas

бисквити

la mantequilla

масло

la cuajada

извара

el pastel

сладкиш

el huevo

яйце

el huevo frito

яйца на очи

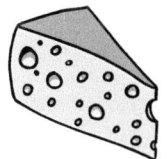

el queso

сирене

la comida - ядене

25

el helado

сладолед

el azúcar

захар

la miel

мед

la mermelada

мармалад

la crema de turrón

нуга крем

el curry

къри

# la granja

# селски двор

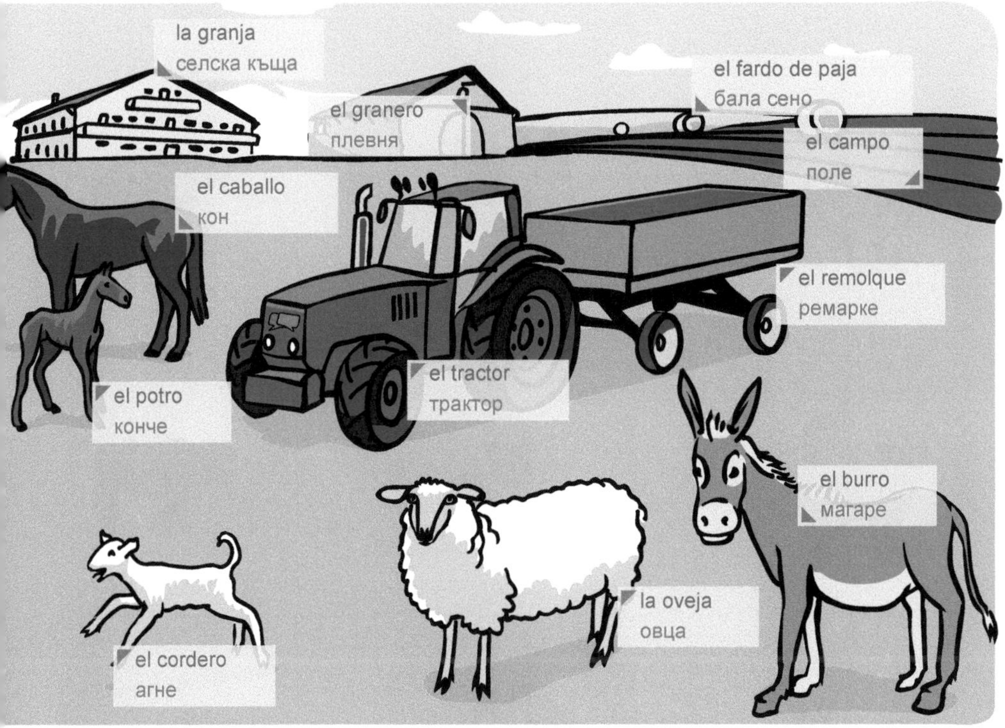
la granja
селска къща
el granero
плевня
el fardo de paja
бала сено
el campo
поле
el caballo
кон
el remolque
ремарке
el tractor
трактор
el potro
конче
el burro
магаре
la oveja
овца
el cordero
агне

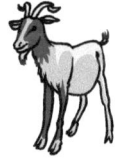

la cabra

коза

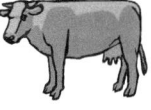

la vaca

крава

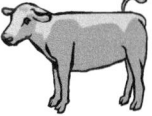

el ternero

теле

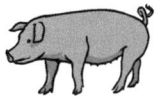

el cerdo

свиня

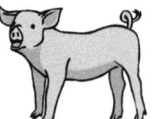

el cerdito

прасенце

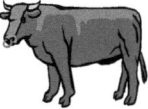

el toro

бик

el ganso

гъска

el pato

патица

el pollo

пиленце

la gallina

кокошка

el gallo

петел

la rata

плъх

el gato

котка

el ratón

мишка

el buey

вол

el perro

куче

la perrera

кучешка колиба

la manguera

градински маркуч

la regadera

лейка

la guadaña

коса

el arado

плуг

la hoz

сърп

la azada

мотика

la horca

вила за тор

el hacha

брадва

la carretilla

ръчна количка

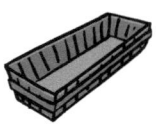

el abrevadero

корито

la lechera

съд за мляко

el saco

чувал

la valla

ограда

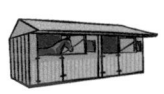

el establo

обор

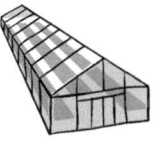

el invernadero

парник

el suelo

земя

la semilla

сеитба

el fertilizador

тор

la cosechadora

комбайн

cosechar

жъна

la cosecha

реколта

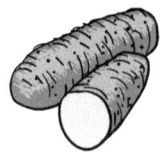

el ñame

ямс

el trigo

жито

el soja

соя

la patata

картоф

el maíz

царевица

la semilla de colza

рапица

el árbol frutal

овощно дърво

la mandioca

маниока

las cereales

зърнени храни

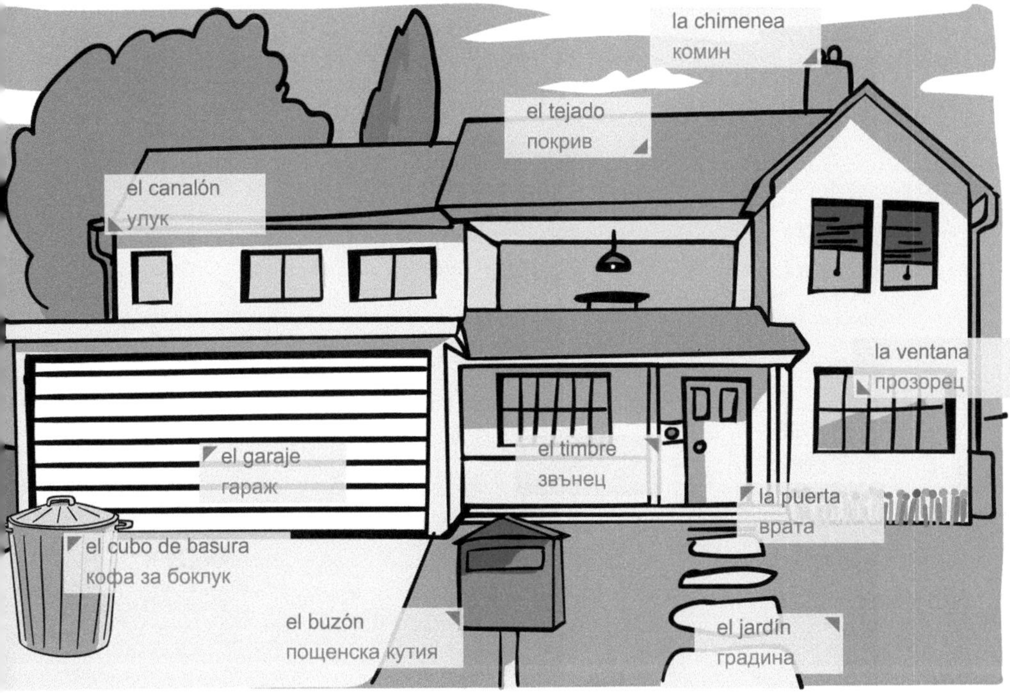

la chimenea
комин

el tejado
покрив

el canalón
улук

la ventana
прозорец

el garaje
гараж

el timbre
звънец

la puerta
врата

el cubo de basura
кофа за боклук

el buzón
пощенска кутия

el jardín
градина

la sala

всекидневна

el cuarto de baño

баня

la cocina

кухня

el dormitorio

спалня

la habitación de los niños

детска стая

el comedor

трапезария

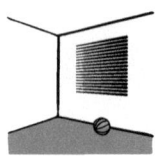

el suelo

под

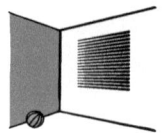

la pared

стена

el techo

таван

el sótano

изба

la sauna

сауна

el balcón

балкон

la terraza

тераса

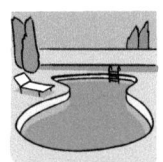

la piscina

плувен басейн

el cortacésped

косачка

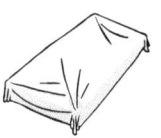

la sábana

спално бельо

la colcha

покривка за легло

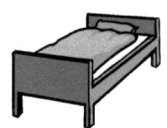

la cama

легло

la escoba

метла

el balde

кофа

el interruptor

електрически ключ

# la sala
# всекидневна

el papel pintado
тапет
la imagen
картина
la lámpara
лампа
el estante
рафт
el armario
шкаф
la televisión
телевизор
la chimenea
камина
la flor
цвете
el cojín
възглавница
el sofá
канапе
el jarrón
ваза
el mando a distancia
дистанционно управление

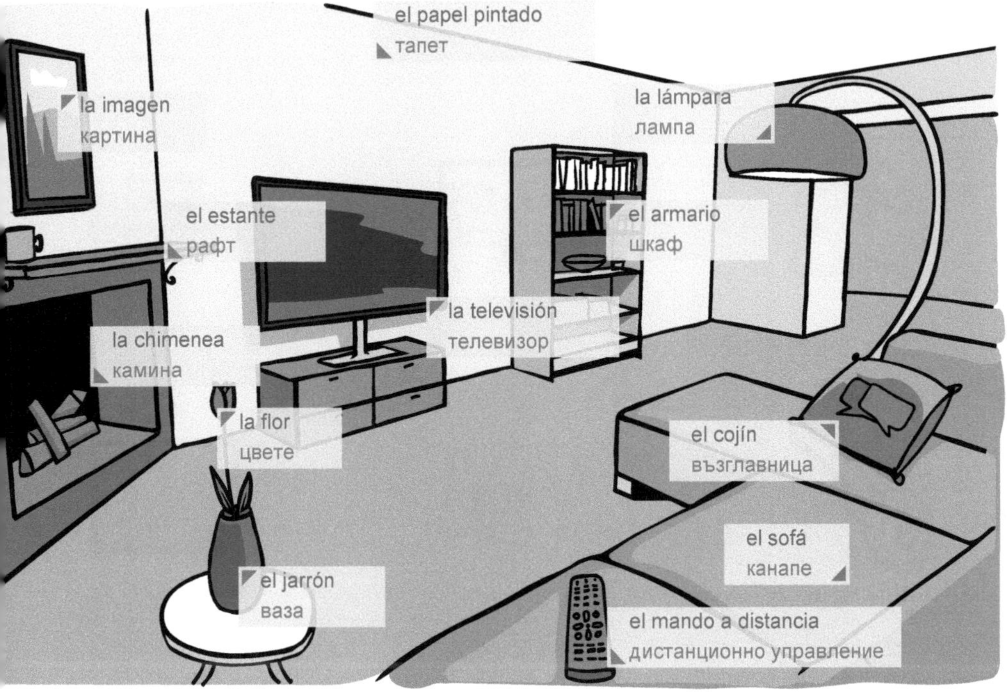

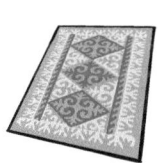

la alfombra

килим

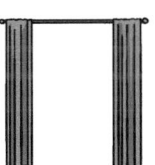

la cortina

завеса

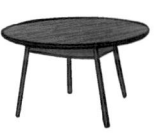

la mesa

маса

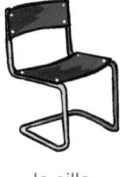

la silla

стол

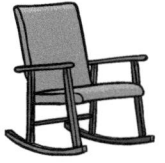

el mecedora

люлеещ се стол

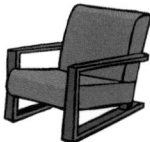

la butaca

кресло

el libro

книга

la manta

одеяло

la decoración

декорация

la leña

дърва за отопление

la película

филм

el equipo de música

стерео уредба

la llave

ключ

el periódico

вестник

la pintura

живопис

el póster

постер

la radio

радио

el cuaderno

бележник

la aspiradora

прахосмукачка

el cactus

кактус

la vela

свещ

# la cocina
## кухня

el refrigerador
хладилник
el microondas
микровълнова фурна
la balnza de cocina
кухненска везна
la tostadora
тостер
el detergente
почистващо средство
el horno
фурна
el congelador
хладилна камера
el cubo de basura
кофа за боклук
el lavavajillas
миялна машина


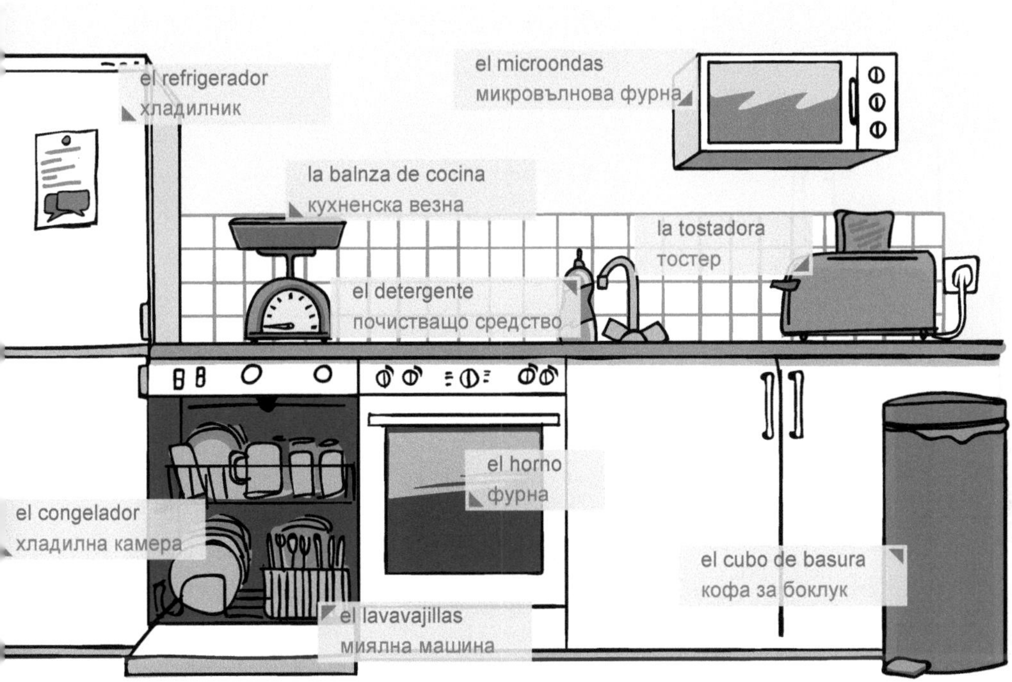

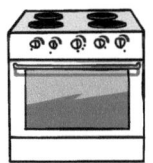

la olla a presión

готварска печка

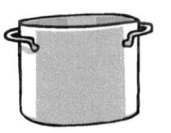

la olla

тенджера

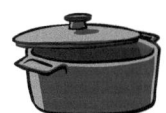

la olla de hierro fundido

желязна тенджера

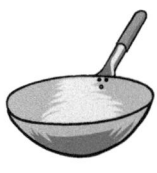

el wok

уок / кадаи

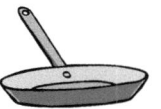

la cazuela

тиган

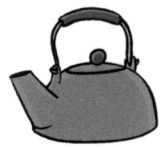

el hervidor

кана за затопляне на вода

la vaporera

уред за готвене на пара

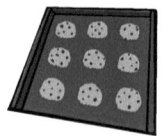

la chapa de horno

тава за печене

la vajilla

съдове

la taza

чаша

el tazón

купа

los palillos

клечки за хранене

el cucharón

черпак

la espumadera

лопатка за тиган

el batidor

тел за разбиване (на яйца, белтъци)

el colador

кошница за варене

el cedazo

гевгир

el rallador

ренде

el mortero

хаван

la barbacoa

барбекю

la hoguera

огнище

la tabla de picar

дъска

el rodillo

точилка

el sacacorchos

тирбушон

la lata

кутия

el abrelatas

отварачка за консерви

el agarrador

кухненска ръкохватка

el lavabo

мивка

el cepillo

четка

la esponja

гъба

la batidora

миксер

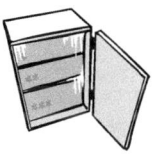

el congelador

фризер

el biberón

бебешко шише

el grifo

воден кран

# el cuarto de baño
## баня

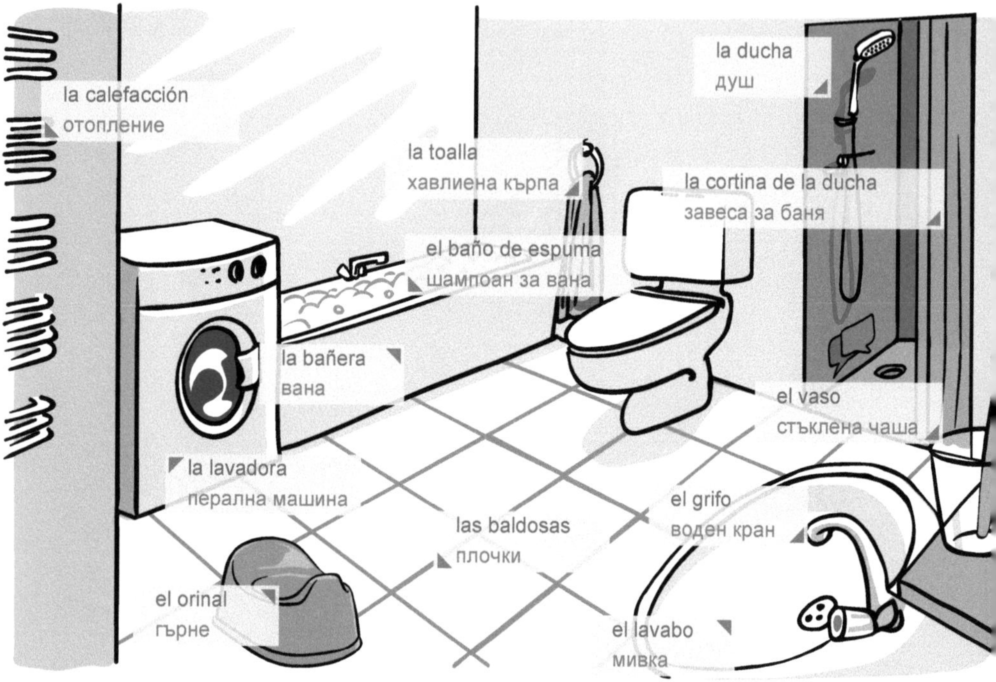

la ducha
душ

la calefacción
отопление

la toalla
хавлиена кърпа

la cortina de la ducha
завеса за баня

el baño de espuma
шампоан за вана

la bañera
вана

el vaso
стъклена чаша

la lavadora
перална машина

las baldosas
плочки

el grifo
воден кран

el orinal
гърне

el lavabo
мивка

el inodoro
тоалетна

el inodoro rústico
клекало

el bidé
биде

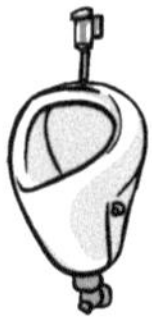

el urinario
писоар

el papel higiénico
тоалетна хартия

la escobilla del váter
четка за тоалетна

el cepillo de dientes

четка за зъби

la pasta de dientes

паста за зъби

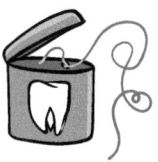

el hilo dental

конец за зъби

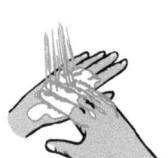

lavar

мия

la ducha de mano

ръчен душ

la ducha íntima

интимен душ

la pila

леген

el cepillo de espalda

четка за гръб

el jabón

сапун

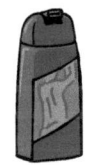

el gel de ducha

душ гел

el champú

шампоан за вана

la toallita

гъба за баня

el desagüe

сифон

la crema

крем

el desodorante

дезодорант

el espejo

огледало

el espejo de tocador

козметично огледало

la maquinilla de afeitar

ръчна самобръсначка

la espuma de afeitar

пяна за бръснене

la loción postafeitado

одеколон за след бръснене

el peine

гребен

el cepillo

четка

el secador

сешоар

la laca

спрей за коса

el maquillaje

грим

el pintalabios

червило

el pintauñas

лак за нокти

el algodón

памук

el cortauñas

ножица за нокти

el perfume

парфюм

el estuche de viaje

тоалетна чантичка

la banqueta

табуретка

la balanza

везна

el albornoz

хавлия

los guantes de goma

домакински ръкавици

el tampón

тампон

la compresa

дамски превръзки

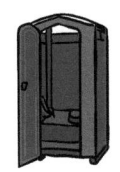

el inodoro químico

химическа тоалетна

# la habitación de los niños
## детска стая

el despertador
будилник
el peluche
плюшена играчка
el coche de juguete
автомобил играчка
el sonajero
дрънкалка
la casa de muñecas
къща за кукли
el regalo
подарък

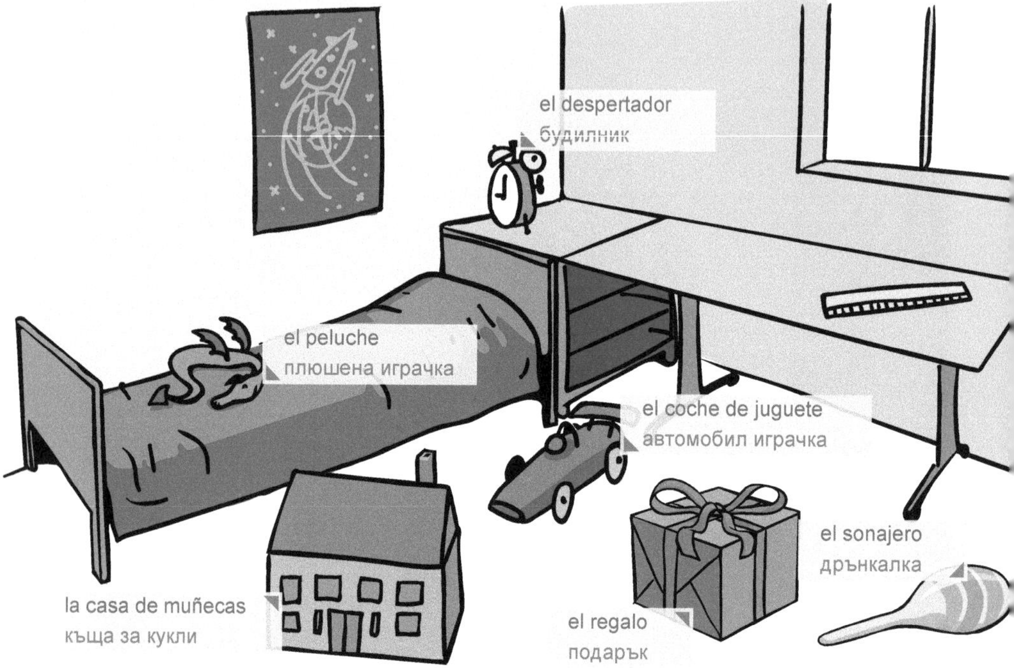

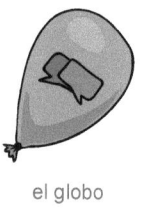

el globo

балон

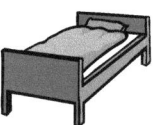

la cama

легло

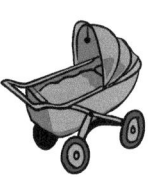

el coche de niño

детска количка

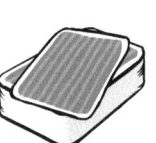

los naipes

игра на карти

el puzle

пъзел

SUPER MEGA

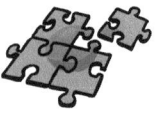

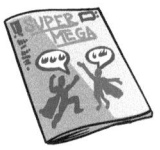

el tebeo

комикс

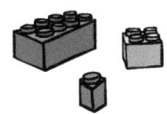

las piezas de lego

лего елементи

los bloques de juguete

строителни елементи

la figura de acción

екшън фигурка

el bodi (de bebé)

бебешки гащеризон

el frisbee

фрисби

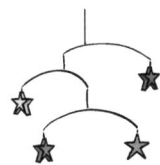

el colgador móvil para bebés

бебешки играчки за легло

el juego de mesa

настолна игра

los dados

зарче

el circuito de tren eléctrico

миниатюрно влакче

el maniquí

биберон

la fiesta

парти

el álbum de fotos

детска книга с илюстрации

la pelota

топка

la muñeca

кукла

jugar

играя

el cajón de arena

пясъчник

el columpio

люлка

los juguetes

играчка

la videoconsola

игрова конзола

el triciclo

велосипед с три колелета

el oso de peluche

плюшено мече

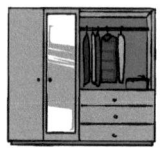

la guardarropa

гардероб

## la ropa

## облекло

los calcetines

къси чорапи

las medias

дълги чорапи

los leotardos

чорапогащник

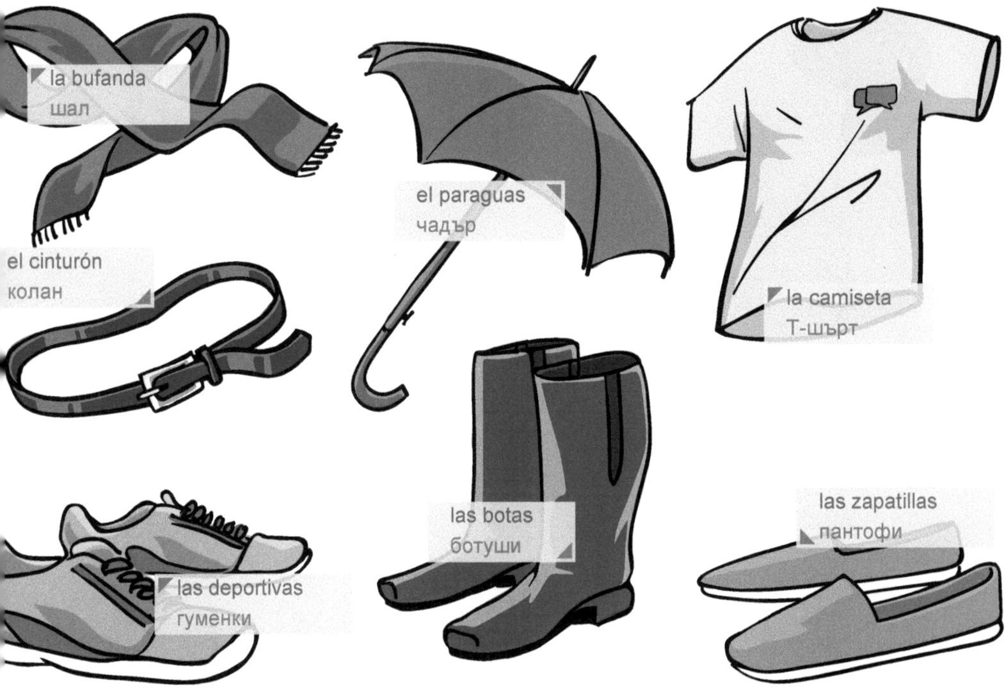

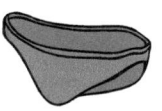
la bufanda
шал

el cinturón
колан

el paraguas
чадър

la camiseta
Т-шърт

las deportivas
гуменки

las botas
ботуши

las zapatillas
пантофи

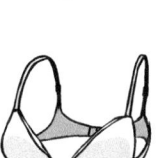
las sandalias
........
сандали

los zapatos
........
обувки

las botas de goma
........
гумени ботуши

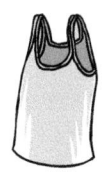
el slip
........
слип

el sostén
........
сутиен

el chaleco
........
долна блуза

la ropa - облекло                    45

el bodi

боди

los pantalones cortos

панталон

los vaqueros

дънки

la falda

пола

la blusa

блуза

la camisa

риза

el jersey

пуловер

el suéter

суичър

el blazer

блейзър

la chaqueta

яке

el abrigo

палто

la gabardina

дъждобран

el traje

костюм

el vestido

рокля

el vestido de novia

булчинска рокля

el traje

костюм

el camisón

нощница

el pijama

пижама

el sati

сари

el bandana

кърпа за глава

el turbante

тюрбан

la burka

бурка

el caftán

кафтан

la abaya

абая

el traje de baño

бански костюм

el bañador

плувни шорти

los pantalones cortos

къс панталон

el chándal

анцуг

el delantal

престилка

los guantes

ръкавици

el botón

копче

las gafas

очила

el brazalete

гривна

el collar

верижка

el anillo

пръстен

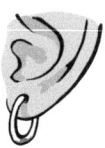

el pendiente

обеца

la gorra

каскет

la percha

закачалка

el sombrero

шапка

la corbata

вратовръзка

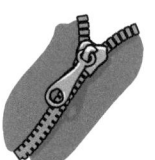

la cremallera

цип

el casco

каска

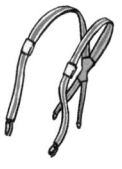

los tirantes

тиранти

el uniforme

ученическа униформа

el uniforme

униформа

el babero

лигавник

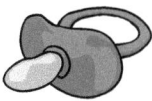

el maniquí

биберон

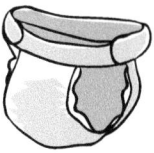

el pañal

пелена

# la oficina
# офис

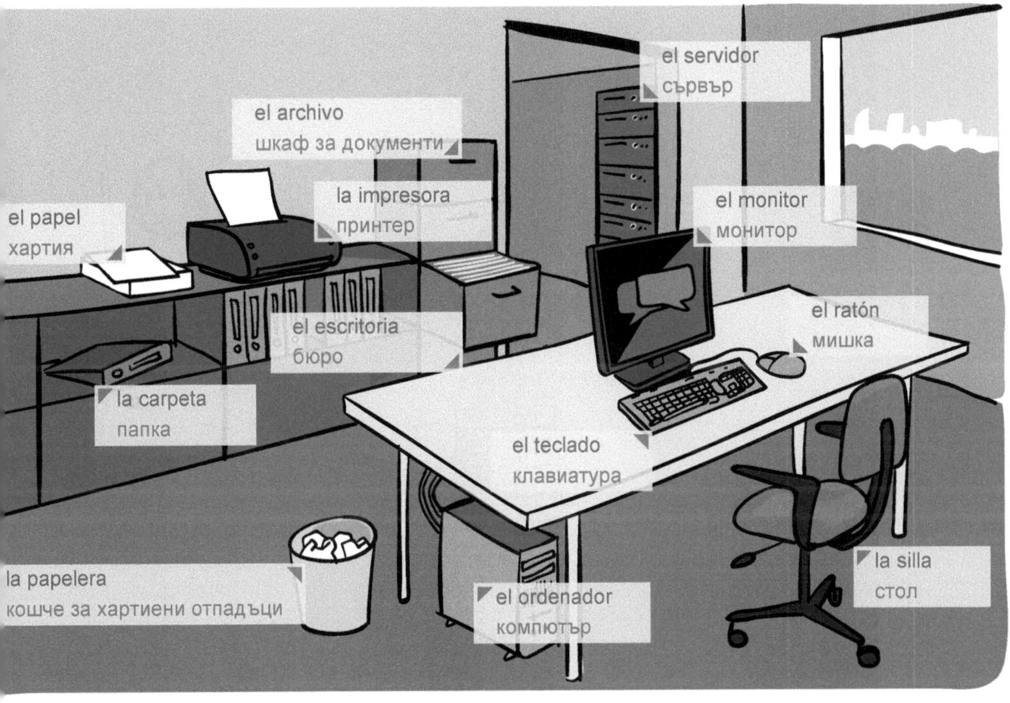

el servidor
сървър

el archivo
шкаф за документи

la impresora
принтер

el papel
хартия

el monitor
монитор

el escritoria
бюро

el ratón
мишка

la carpeta
папка

el teclado
клавиатура

la papelera
кошче за хартиени отпадъци

el ordenador
компютър

la silla
стол

la taza de café

чаша за кафе

la calculadora

джобен калкулатор

el internet

интернет

la oficina - офис

49

el portátil

лаптоп

la carta

писмо

el mensaje

съобщение

el móvil

мобилен телефон

la red

мрежа

la fotocopiadora

ксерокс

el software

софтуер

el teléfono

телефон

la toma de corriente

контакт

el fax

факс

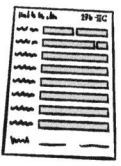

el formulario

формуляр

el documento

документ

comprar

купувам

pagar

плащам

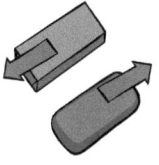

comerciar

търгувам

el dinero

пари

el dólar

долар

el euro

евро

el yen

йена

el rublo

рубла

el franco suizo

швейцарски франк

el renminbi yuan

ренминби юан

la rupia

рупия

el cajero automático

банкомат

la oficina de cambio de divisas

обменно бюро

el oro

злато

la plata

сребро

el petróleo

нефт

la energía

енергия

el precio

цена

el contrato

договор

el impuesto

данък

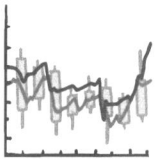

la acción

акция

trabajar

работя

el empleador

служител

el empleador

работодател

la fábrica

фабрика

la tienda de campaña

магазин за цветя

# los oficios

# професии

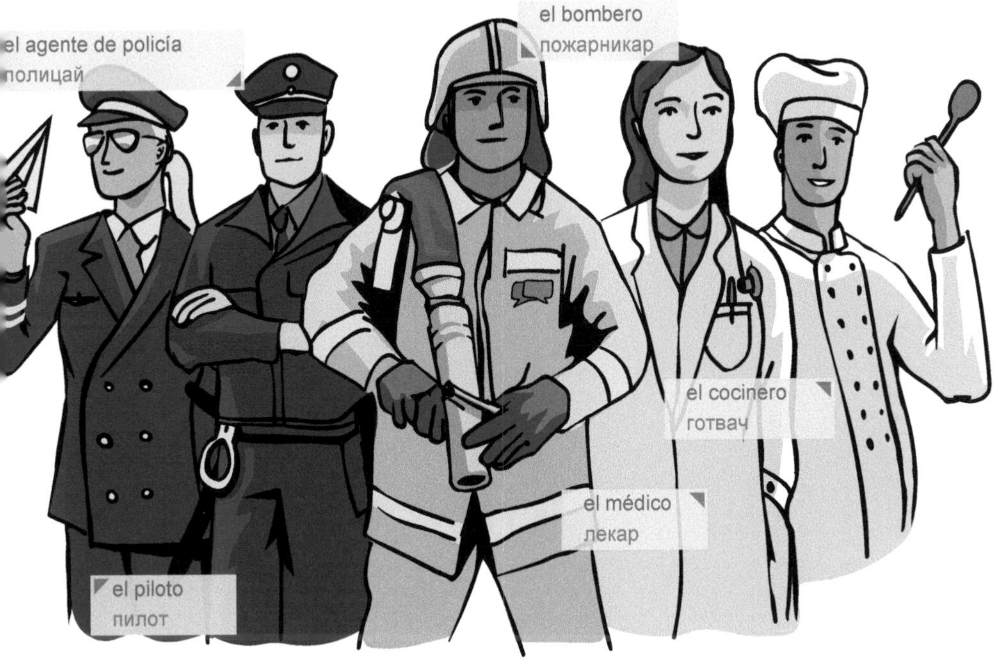
el agente de policía
полицай
el bombero
пожарникар
el cocinero
готвач
el médico
лекар
el piloto
пилот

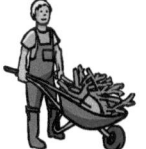

el jardinero

градинар

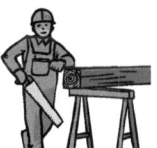

el carpintero

мебелист

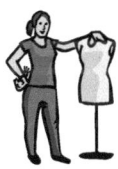

la costurera

шивачка

el juez

съдия

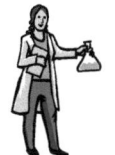

el farmacéutico

химик

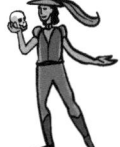

el actor

артист

el conductor de autobús

шофьор на автобус

el taxista

шофьор на такси

el pescador

рибар

la señora de la limpieza

чистачка

el techador

майстор на покриви

el camarero

келнер

el cazador

ловец

el pintor

художник

el panadero

хлебар

el electricista

електротехник

el obrero

строителен работник

el ingeniero

инженер

el carnicero

касапин

el fontanero

тенекеджия

el cartero

пощальон

el soldado

войник

el arquitecto

архитект

el cajero

касиер

el florista

цветар

el peluquero

фризьор

el revisor

кондуктор

el mecánico

механик

el capitán

капитан

el dentista

зъболекар

el científico

научен работник

el rabino

равин

el imán

имàм

el monje

монах

el sacerdote

свещеник

# las herramientas

## инструменти

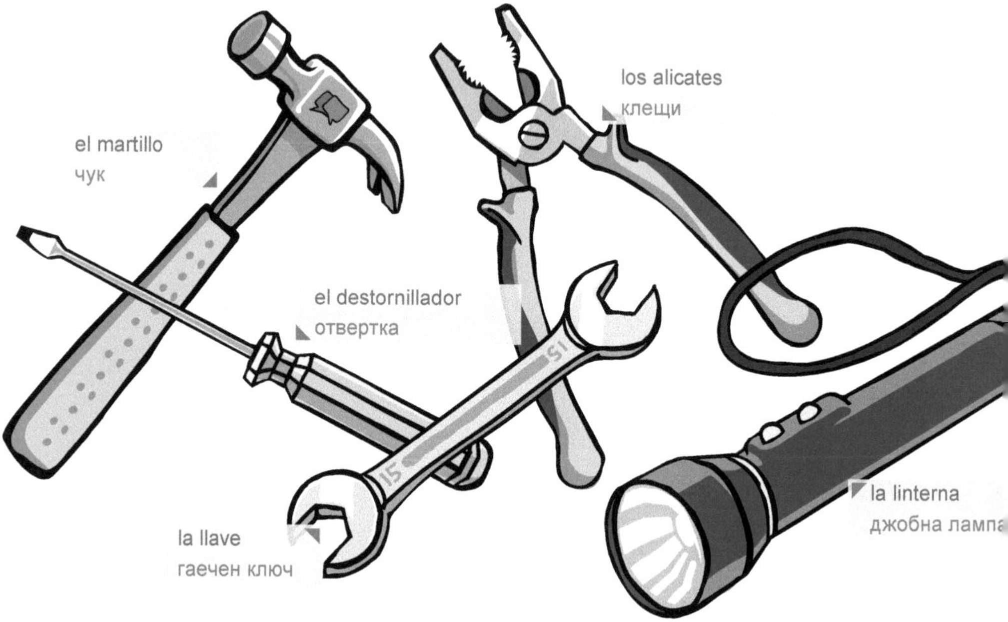

el martillo
чук
los alicates
клещи
el destornillador
отвертка
la llave
гаечен ключ
la linterna
джобна лампа


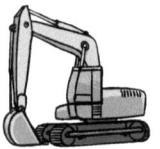

la excavadora

багер

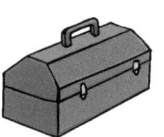

la caja de herramientas

кутия за инструменти

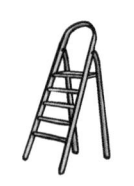

la escalera de mano

стълба

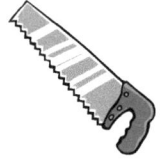

la sierra

трион

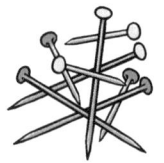

los clavos

пирони

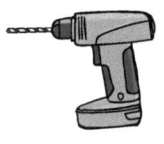

el taladro

бормашина

reparar

ремонтирам

la pala

лопата

¡Maldita sea!

По дяволите!

el recogedor

лопатка за смет

el bote de pintura

кутия за боя

los tornillos

болтове

## los instrumentos musicales

## музикални инструменти

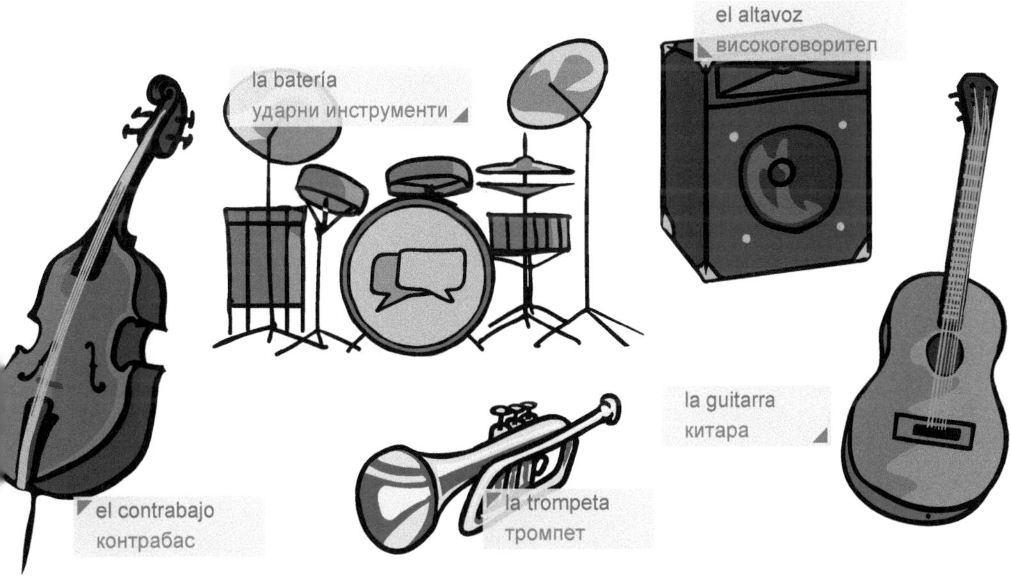

la batería
ударни инструменти

el altavoz
високоговорител

la guitarra
китара

el contrabajo
контрабас

la trompeta
тромпет

el piano

пиано

el violín

виолина

bajo

контрабас

los timbales

тимпан

el tambor

барабан

el teclado

електрическо пиано

el saxofón

саксофон

la flauta

флейта

el micrófono

микрофон

el tigre
тигър

la entrada
вход

la jaula
бръмбар

la cebra
зебра

el pienso
храна за животни

el panda
панда

los animales

животни

el elefante

слон

el canguro

кенгуру

el rinoceronte

носорог

el gorila

горила

el oso

мечка

el camello

камила

el avestruz

щраус

el león

лъв

el mono

маймуна

el flamingo

фламинго

el loro

папагал

el oso polar

бяла мечка

el pingüino

пингвин

el tiburón

акула

el pavo real

паун

la serpiente

змия

el cocodrilo

крокодил

el guardián de zoológico

пазач в зоологическа
градина

la foca

тюлен

el jaguar

ягуар

el poni

пони

el leopardo

леопард

el hipopótamo

хипопотам

la jirafa

жираф

el águila

орел

el jabalí

диво прасе

el pescado

риба

la tortuga

костенурка

la morsa

морж

el zorro

лисица

la gacela

газела

# los deportes

## спорт

el fútbol americano
американски футбол

el ciclismo
колоездене

el tenis
тенис

el baloncesto
баскетбол

la natación
плуване

el boxeo
бокс

el hockey sobre hielo
хокей на лед

el fútbol
футбол

el bádminton
бадминтон

el atletismo
лека атлетика

el balonmano
хандбал

el esquí
ски бягане

el polo
поло

reír
смея се

saltar
скачам

abrazar
прегръщам

caminar
вървя

cantar
пея

soñar
сънувам

rezar
моля се

besar
целувам

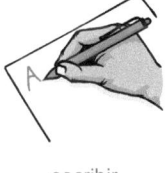

escribir

пиша

dibujar

рисувам

mostrar

показвам

empujar

бутам

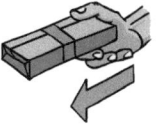

dar

давам

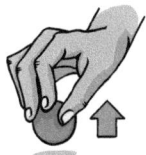

tomar

взимам

tener

имам

hacer

правя

ser

съм

estar de pie

стоя

correr

тичам

tirar

дърпам

tirar

хвърлям

caer

падам

yacer

лежа

esperar

чакам

llevar

нося

estar sentado

седя

vestirse

обличам

dormir

спя

despertar

събуждам се

mirar

разглеждам

llorar

плача

acariciar

милвам

peinar

реша се

hablar

говоря

entender

разбирам

preguntar

питам

escuchar

слушам

beber

пия

comer

ям

ordenar

разтребвам

amar

обичам

cocinar

готвя

conducir

карам автомобил

volar

летя

navegar

плавам (с платна)

calcular

смятане

leer

чета

aprender

уча

trabajar

работя

casarse

женя се

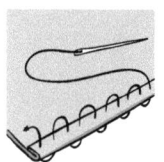

coser

шия

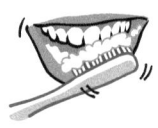

cepillarse los dientes

измивам си зъбите

matar

убивам

fumar

пуша

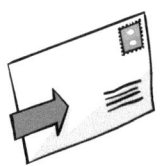

enviar

изпращам

# la familia
## семейство

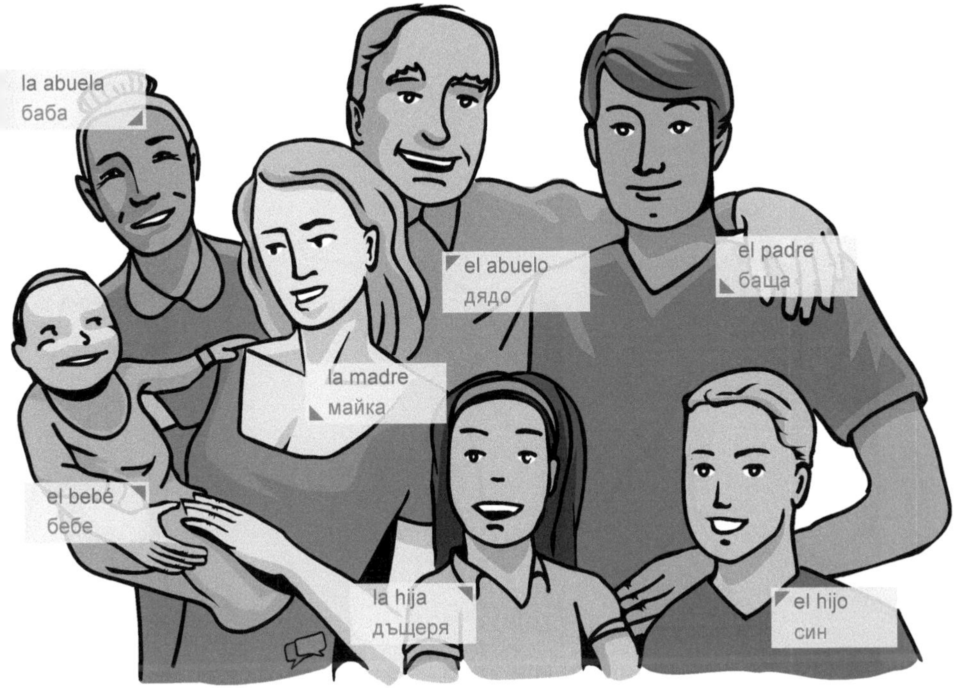

la abuela
баба
el abuelo
дядо
el padre
баща
la madre
майка
el bebé
бебе
la hija
дъщеря
el hijo
син


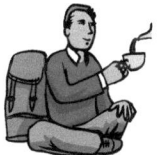

el invitado

посетител

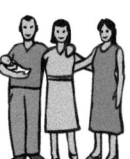

la tía

леля

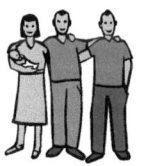

el tío

чичо

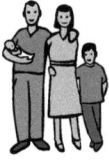

el hermano

брат

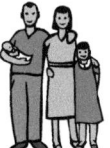

la hermana

сестра

# el cuerpo

## тяло

la frente
чело
el ojo
око
el hombro
рамо
el dedo
пръст
la cara
лице
la barbilla
брадичка
la mano
ръка
la pierna
крак
el pecho
гърди
el brazo
ръка


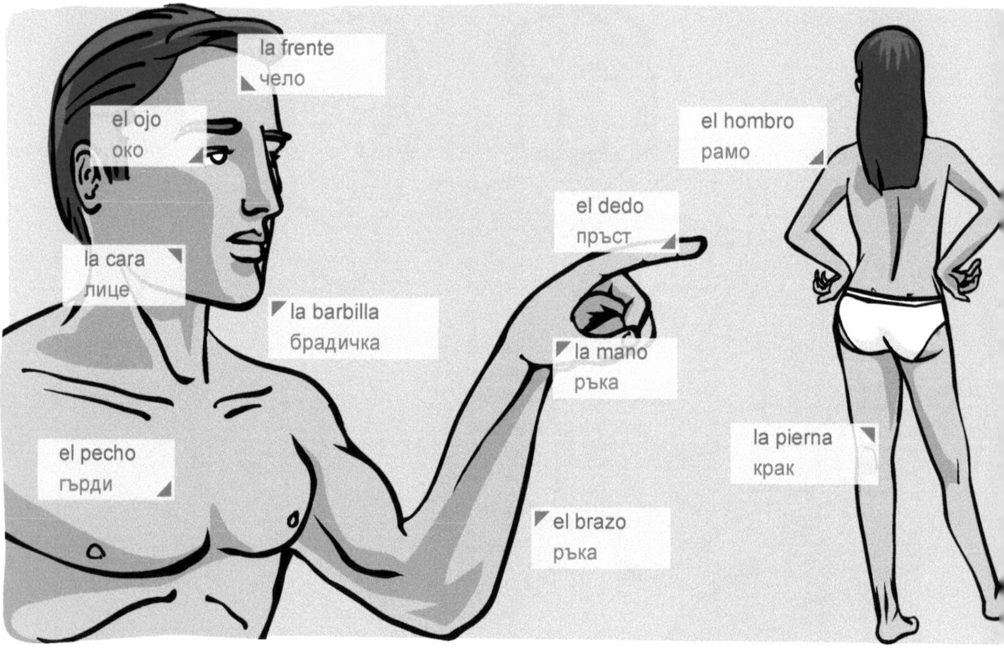

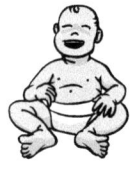

el bebé

бебе

el hombre

мъж

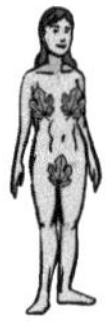

la mujer

жена

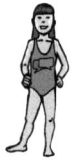

la chica

момиче

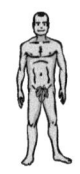

el chico

момче

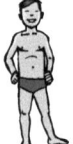

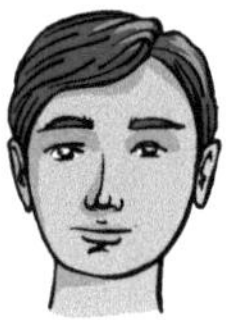

la cabeza

глава

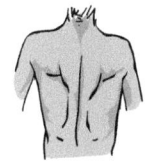

la espalda

гръб

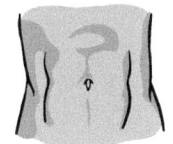

el vientre

корем

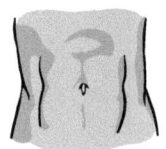

el ombligo

пъп

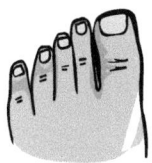

el dedo del pie

пръст на крака

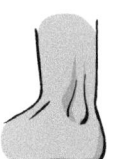

el talón

пета

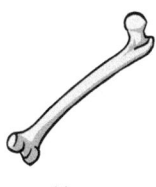

el hueso

кост

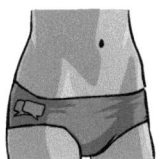

la cadera

хълбок

la rodilla

коляно

el codo

лакът

la nariz

нос

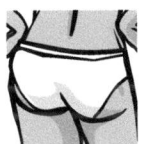

el trasero

седалище

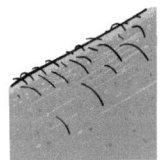

la piel

кожа

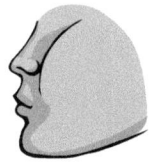

la mejilla

буза

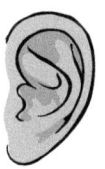

el oído

ухо

el labio

устна

la boca

уста

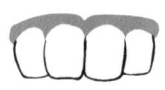

el diente

зъб

la lengua

език

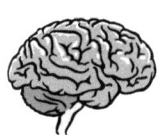

el cerebro

мозък

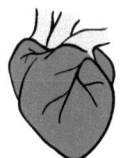

el corazón

сърце

el músculo

мускул

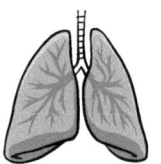

el pulmón

бял дроб

el hígado

черен дроб

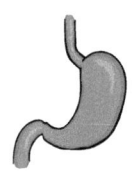

el estómago

стомах

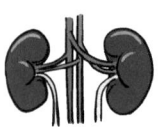

los riñones

бъбреци

el sexo

полово сношение

el condón

кондом

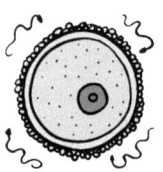

el ovario

яйцеклетка

el semen

сперма

el embarazo

бременност

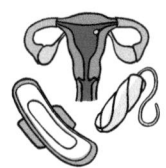

la menstruación

менструация

la vagina

вагина

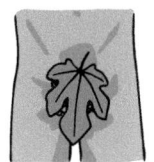

el pene

пенис

la ceja

вежда

el pelo

коса

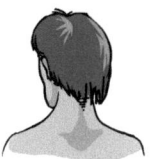

el cuello

шия

# el hospital
## болница

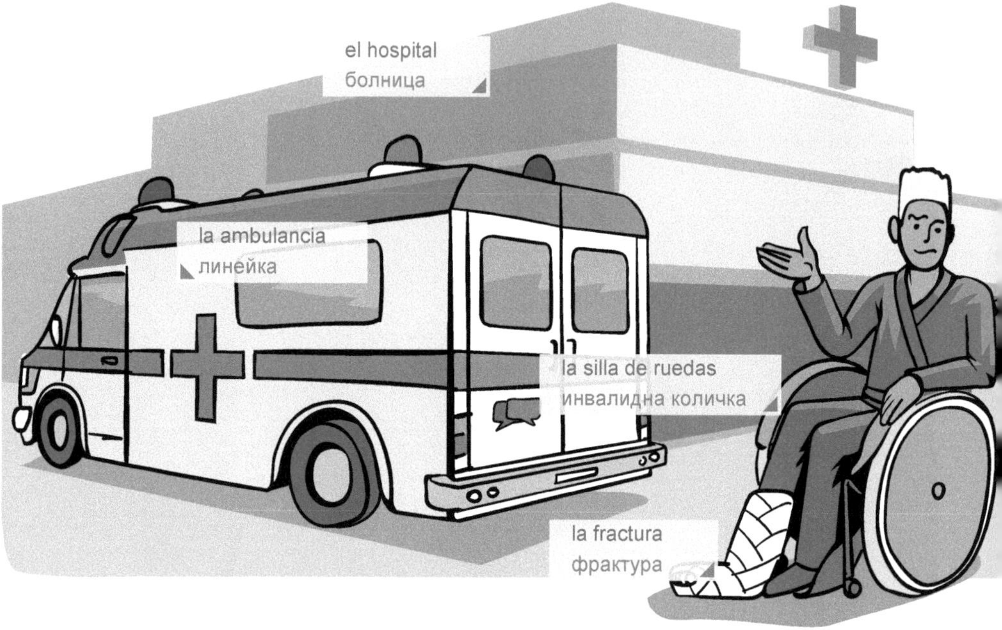

el hospital
болница
la ambulancia
линейка
la silla de ruedas
инвалидна количка
la fractura
фрактура

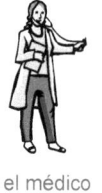

el médico

лекар

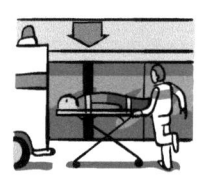

la sala de urgencias

спешна хоспитализация

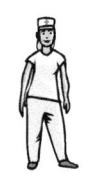

la enfermera

медицинска сестра

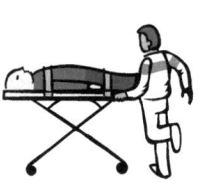

la urgencia

спешен случай

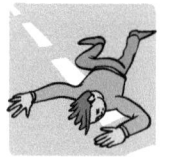

inconsciente

в безсъзнание

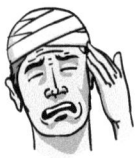

el dolor

болка

la lesión

нараняване

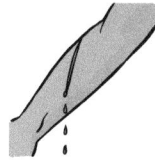

la hemorragia

кървене

el infarto

инфаркт

el ictus

инсулт

la alergia

алергия

la tos

кашлица

la fiebre

температура

la gripe

грип

la diarrea

диария

el dolor de cabeza

главоболие

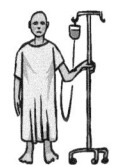

el cáncer

рак

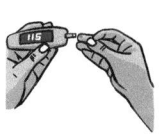

la diabetes

диабет

el cirujano

хирург

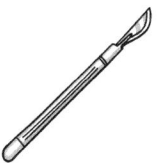

el bisturí

скалпел

la operación

операция

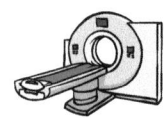

TAC

компютърна томография

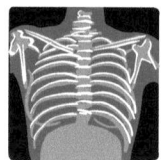

los rayos x

рентген

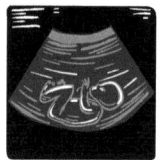

el ultrasonido

ултразвук

la mascarilla

маска

la enfermedad

болест

la sala de espera

чакалня

la muleta

патерица

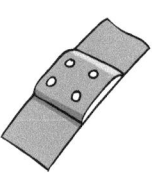

la tirita

пластир

la venda

превръзка

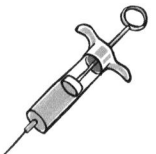

la inyección

инжекция

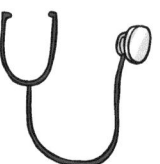

el estetoscopio

стетоскоп

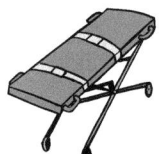

la camilla

носилка

el termómetro

термометър

el nacimiento

раждане

el sobrepeso

наднормено тегло

el audífono

слухов апарат

el desinfectante

дезинфекционно средство

la infección

инфекция

el virus

вирус

VIH / SIDA

HIV / AIDS

la medicina

медицина

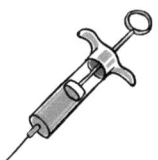

la vacunación

ваксинация

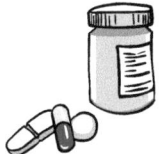

las tabletas

таблети

la pastilla

противозачатъчна таблетка

la llamada de urgencia

спешно телефонно обаждане

el tensiómetro

апарат за измерване на кръвното налягане

enfermo / sano

болен / здрав

¡Socorro!

Помощ!

la alarma

сигнал за тревога

el asalto

нападение

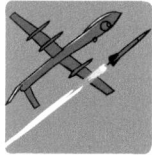

el ataque

атака

el peligro

опасност

la salida de emergencia

авариен изход

¡Fuego!

Пожар!

el extintor de incendios

пожарогасител

el accidente

злополука

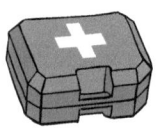

el botiquín de primeros auxilios

комплект за оказване на първа помощ

SOS

SOS

la policía

полиция

Europa

Европа

Norteamérica

Северна Америка

Sudamérica

Южна Америка

África

Африка

Asia

Азия

Australia

Австралия

el atlántico

Атлантически океан

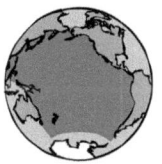

el Pacífico

Тихи океан

el Océano Índico

Индийски океан

el Océano Antártico

Южен ледовит океан

el Océano Ártico

Северен ледовит океан

el polo norte

Северен полюс

el polo sur

Южен полюс

La Antártida

Антарктида

la tierra

Земя

la tierra

суша

el mar

море

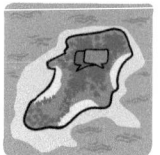

la isla

остров

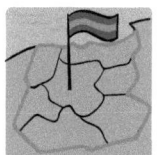

la nación

нация

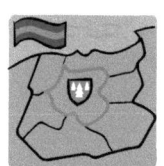

el estado

държава

la esfera

циферблат

la manecilla de las horas

стрелка на часовете

el minutero

стрелка на минутите

el segundero

стрелка на секундите

¿Qué hora es?

Колко е часът?

el día

ден

el tiempo

време

ahora

сега

el reloj digital

дигитален часовник

el minuto

минута

la hora

час

# la semana

## седмица

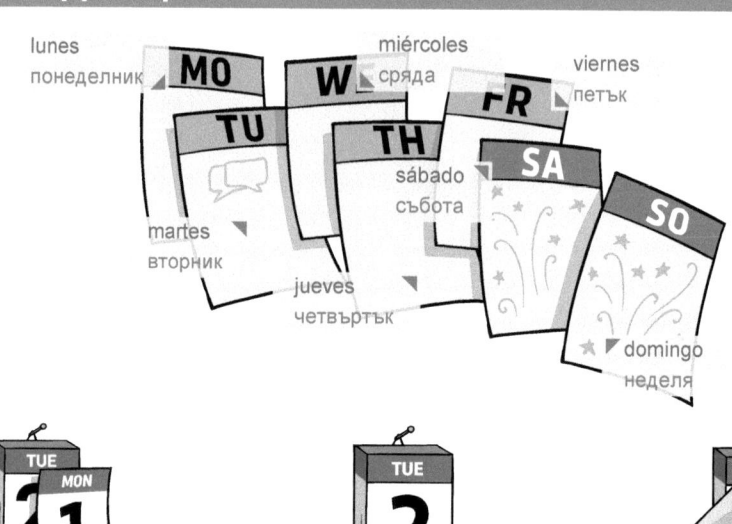

lunes
понеделник

miércoles
сряда

viernes
петък

martes
вторник

jueves
четвъртък

sábado
събота

domingo
неделя

ayer

вчера

hoy

днес

mañana

утре

la mañana

сутрин

el mediodía

обед

la tarde

вечер

los días laborables

работни дни

el fin de semana

уикенд

# el año

# година

la lluvia
дъжд
el arcoíris
дъга
la nieve
сняг
el viento
вятър
la primavera
пролет
el otoño
есен
el verano
лято
el invierno
зима


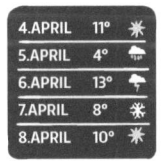

4.APRIL 11°
5.APRIL 4°
6.APRIL 13°
7.APRIL 8°
8.APRIL 10°


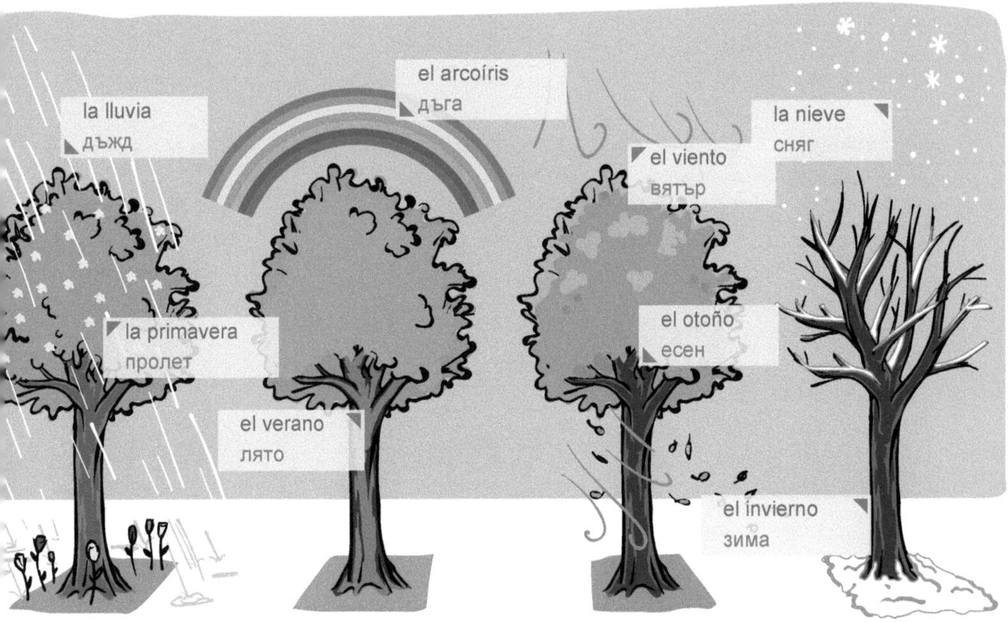

el pronóstico del tiempo

прогноза за времето

F C
120 40
90 30
60 20
30 10
0 0
-30 -10
-20


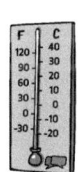

el termómetro

термометър

el sol

слънчева светлина

la nube

облак

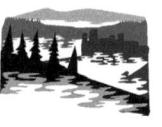

la niebla

мъгла

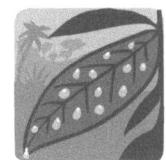

la humedad

влажност на въздуха

el rayo

светкавица

el trueno

гръмотевица

la tormenta

буря

el granizo

градушка

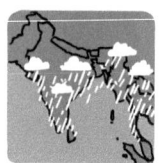

el monzón

мусон

la inundación

наводнение

el hielo

лед

enero

януари

febrero

февруари

marzo

март

abril

април

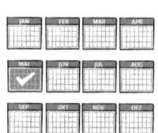

mayo

май

junio

юни

julio

юли

agosto

август

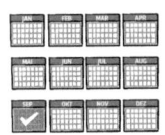

septiembre

септември

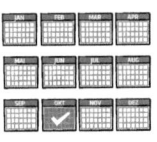

octubre

октомври

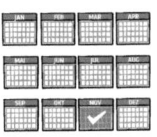

noviembre

ноември

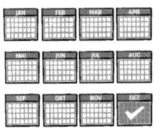

diciembre

декември

## las formas
## форми

el círculo

кръг

el cuadrado

квадрат

el rectángulo

четириъгълник

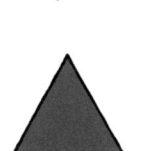

el triángulo

триъгълник

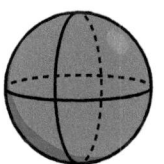

la esfera

сфера

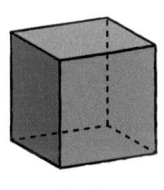

el cubo

куб

blanco

бял

amarillo

жълт

anaranjado

оранжев

rosa

розов

rojo

червен

morado

лилав

azul

син

verde

зелен

marrón

кафяв

gris

сив

negro

черен

mucho / poco

много / малко

enojado / tranquilo

ядосан / спокоен

bonito / feo

красив / грозен

principio / fin

начало / край

grande / pequeño

голям / малък

claro / oscuro

светъл / тъмен

el hermano / la hermana

брат / сестра

limpio / sucio

чист / мръсен

completo / incompleto

пълен / непълен

el día / la noche

ден / нощ

muerto / vivo

мъртъв / жив

ancho / estrecho

широк / тесен

comestible / no comestible

ядлив / неядлив

malo / amable

сърдит / любезен

entusiasmado / aburrido

развълнуван / скучаещ

gordo / delgado

дебел / тънък

primero / último

най-напред / най-накрая

el amigo / el enemigo

приятел / враг

lleno / vacío

пълен / празен

duro / blando

твърд / мек

pesado / ligero

тежък / лек

el hambre / la sed

глад / жажда

enfermo / sano

болен / здрав

ilegal / legal

нелегален / легален

inteligente / tonto

интелигентен / глупав

izquierda / derecha

ляво / дясно

cerca / lejos

близо / далече

nuevo / usado

нов / употребяван

nada / algo

нищо / нещо

viejo / joven

стар / млад

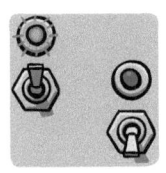

encendido / apagado

вкл. / изкл.

abierto / cerrado

отворен / затворен

silencioso / ruidoso

тих / силен (звук)

rico / pobre

богат / беден

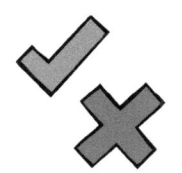

correcto / incorrecto

правилен / погрешен

áspero / suave

грапав / гладък

triste / contento

тъжен / щастлив

corto / largo

дълъг / къс

lento / rápido

бавен / бърз

húmedo / seco

мокър / сух

cálido / frío

топъл / студен

guerra / paz

война / мир

# los números
## числа

**0**

cero

нула

**1**

uno

едно

**2**

dos

две

**3**

tres

три

**4**

cuatro

четири

**5**

cinco

пет

**6**

seis

шест

**7**

siete

седем

**8**

ocho

осем

**9**

nueve

девет

**10**

diez

десет

**11**

once

единадесет

**12**

doce

дванадесет

**13**

trece

тринадесет

**14**

catorce

четиринадесет

**15**

quince

петнадесет

**16**

dieciséis

шестнадесет

**17**

diecisiete

седемнадесет

**18**

dieciocho

осемнадесет

**19**

diecinueve

деветнадесет

**20**

veinte

двадесет

**100**

cien

сто

**1.000**

mil

хиляда

**1.000.000**

el millón

милион

# los idiomas

## езици

el inglés

английски

el inglés americano

американски английски

el chino madarín

китайски мандарин

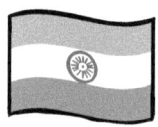

el hindi

хинди

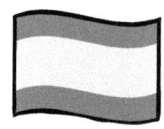

el español

испански

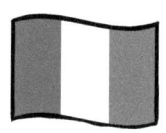

el francés

френски

el árabe

арабски

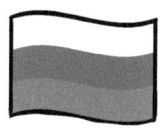

el ruso

руски

el portugués

португалски

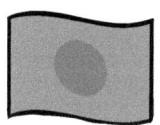

el bengalí

бенгалски

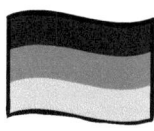

el alemán

немски

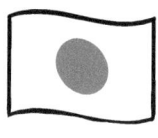

el japonés

японски

yo

аз

tú

ти

él / ella / ello

той / тя / то

nosotros/as

ние

vosotros/as

вие

ellos/as

те

¿quién?

кой?

¿qué?

какво?

¿cómo?

как?

¿dónde?

къде?

¿cuándo?

кога?

el nombre

име

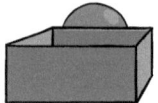

detrás

зад

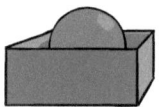

en

в

delante de

пред

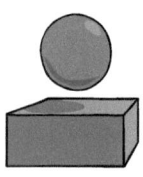

por encima de

над

sobre

върху

debajo de

под

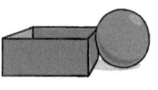

junto a

до

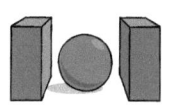

entre

между

el lugar

място